心の指針

Selection 6

自己信頼《じこしんらい》

大川隆法

Ryuho Okawa

Contents

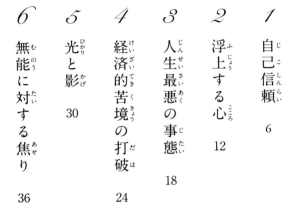

1 自己信頼《じこしんらい》

あなたは、
何《なに》を急《いそ》いでいるのか。
急《いそ》いで、
いったい、どこへ行《い》こうとしているのか。

あなたの心《こころ》は、
焦《あせ》りと、
プレッシャーと、
心配《しんぱい》、
不安《ふあん》、
罪《つみ》の意識《いしき》で一杯《いっぱい》だ。

しかし、あなたは、
自分自身《じぶんじしん》の精力《せいりょく》を浪費《ろうひ》している。
自分自身《じぶんじしん》を、
心底《しんそこ》、信《しん》じてさえいない。

せかせかと、
忙《いそが》しそうに見《み》せることで、
自己弁護《じこべんご》してはならない。
また、
自分《じぶん》を、ごまかしてもならない。
静《しず》かな心《こころ》で、
物事《ものごと》を、じっくりと見《み》つめよ。

大切《たいせつ》なことは、
自己信頼《じこしんらい》だ。
深《ふか》き河《かわ》は、
ゆったりと流《なが》れるのだ。

2 浮《ふ》上《じょう》する心《こころ》

事実《じじつ》だけを見《み》つめたら、
実人生《じつじんせい》が、とても重《おも》く、暗《くら》く、
感《かん》じられることがあるだろう。
自分自身《じぶんじしん》が情《なさ》けなく、
恥《は》ずかしく、
塩《しお》をふられたナメクジのように、
消《き》えてしまいたいこともあるだろう。
実際《じっさい》、
何人《なんにん》かに一人《ひとり》は、
自殺《じさつ》したい衝動《しょうどう》にかられたこともあろう。

だが、ここに、
一《ひと》つの技術《ぎじゅつ》がある。
自分《じぶん》の心《こころ》を励《はげ》ますのだ。
心《こころ》を浮上《ふじょう》させるのだ。

では、どうやって、と、
あなたは問《と》うであろう。
想念《おもい》こそ、
魂《たましい》の活動《かつどう》そのものだと知《し》って、
善《よ》きことを、想《おも》い、想《おも》い、
念《ねん》じ続《つづ》けるのだ。
「自分《じぶん》は、素晴《すば》らしくなりつつある。
未来《みらい》は、明《あか》るくなりつつある。」
と、繰《く》り返《かえ》し、心《こころ》に刻《きざ》みつつ、
悲観的《ひかんてき》な言葉《ことば》や感情《かんじょう》は、受《う》け入《い》れないことだ。
持続的《じぞくてき》な想念《そうねん》は、必《かなら》ず現実化《げんじつか》すると、
信《しん》じきることだ。

3 人生《じんせい》最悪《さいあく》の事態《じたい》

『人生最悪《じんせいさいあく》の事態《じたい》』とは、
字義通《じぎどお》りに言《い》えば、
人生《じんせい》に一度《いちど》しか起《お》きない悪《わる》い事《こと》のはずである。
ところが、何十年《なんじゅうねん》か生《い》きてみると、
人生最悪《じんせいさいあく》と思《おも》えることが、
何年《なんねん》かに一回《いっかい》は起《お》きている。

受験《じゅけん》の失敗《しっぱい》。
失恋《しつれん》。
就職《しゅうしょく》の失敗《しっぱい》。
信《しん》じていた人《ひと》の裏切《うらぎ》り。
悪意《あくい》をもって、他人《たにん》に罠《わな》にはめられること。

失業《しつぎょう》や経済的《けいざいてき》苦境《くきょう》。
親《おや》の大病《たいびょう》・離婚《りこん》・死《し》。
身内《みうち》や友人《ゆうじん》の不幸《ふこう》。
ライバルに敗《やぶ》れること。
予期《よき》せぬ犯罪《はんざい》に巻《ま》き込《こ》まれること。
自分《じぶん》が病気《びょうき》で死《し》に直面《ちょくめん》すること。
うつによる自殺未遂《じさつみすい》。
事業《じぎょう》の行《ゆ》き詰《づ》まり、倒産《とうさん》。

最悪《さいあく》のはずの事態《じたい》が、
次々《つぎつぎ》とあなたを見舞《みま》い、
古傷《ふるきず》は、いつしか忘《わす》れ去《さ》られる。

あなたにとっては、人生最悪《じんせいさいあく》でも、
世間《せけん》ではよくあることなのだ。
何回《なんかい》も、何十回《なんじっかい》も起《お》きることなのだ。

それを人生修行《じんせいしゅぎょう》の課題《かだい》として受《う》け入《い》れ、
智慧《ちえ》と、勇気《ゆうき》と、精進《しょうじん》で乗《の》り切《き》ってゆけ。

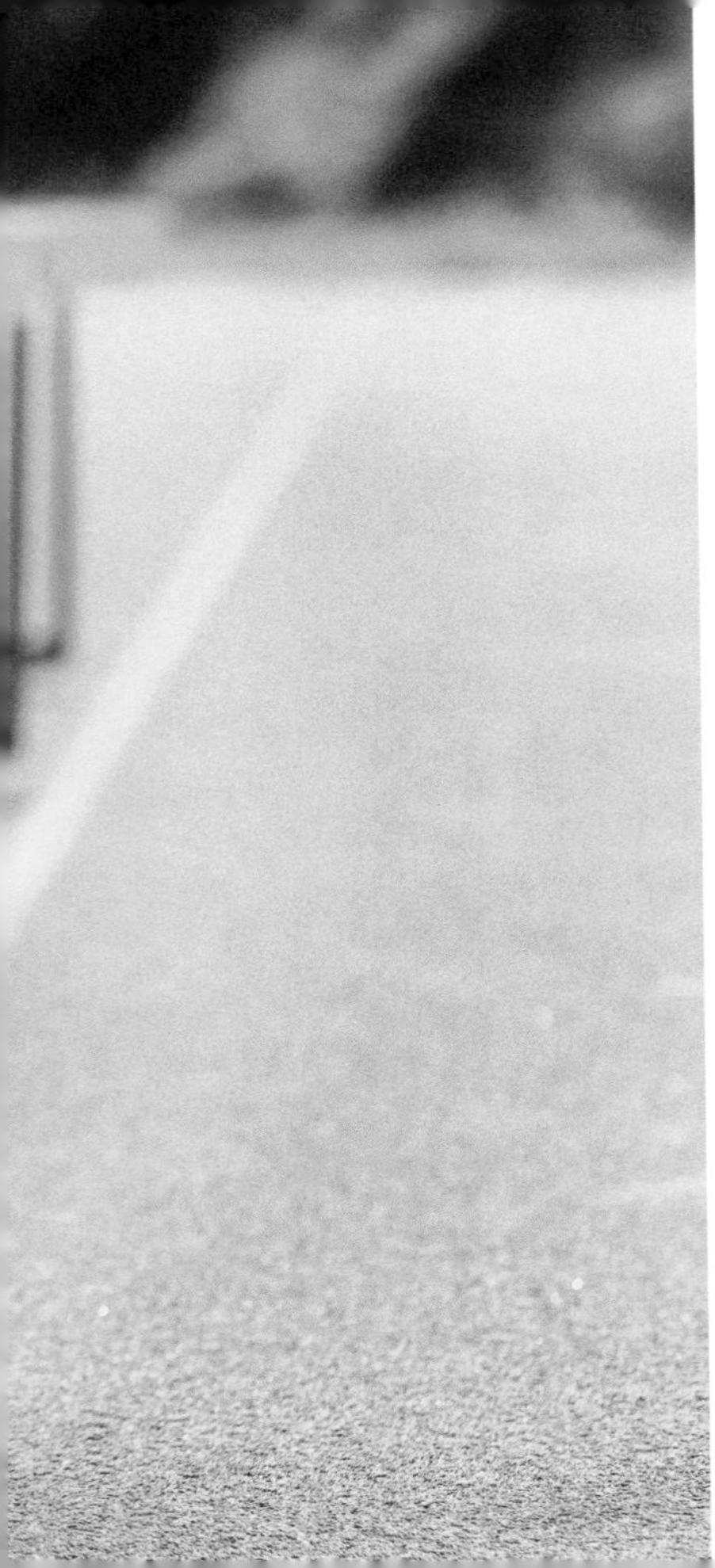

4 経済的苦境《けいざいてきくきょう》の打破《だは》

お金《かね》がなくて苦《くる》しんでいる人《ひと》は、たくさんいることだろう。
高度《こうど》に発展《はってん》した現代社会《げんだいしゃかい》では、経済力《けいざいりょく》がつけば、七《なな》、八割《はちわり》の問題《もんだい》は解決可能《かいけつかのう》だからだ。

だが、本当《ほんとう》は、お金《かね》がないのではない。
自分《じぶん》の欲望《よくぼう》を叶《かな》えるだけのお金《かね》がないのだ。
あるいは、お金《かね》の手《て》に入《い》れ方《かた》や、

お金《かね》の使《つか》い方《かた》を知《し》らないだけなのだ。
そうでなければ、
知《ち》恵《え》に不《ふ》足《そく》して、
無《む》駄《だ》づかいや損《そん》をしているだけだ。

高額《こうがく》の医療費《いりょうひ》や、
入院費用《にゅういんひよう》が払《はら》えなければ、
腹八分目《はらはちぶんめ》を守《まも》り、

よく歩《ある》くことだ。

子供《こども》の塾《じゅく》の費用《ひよう》が出《だ》せなければ、
学校《がっこう》の授業《じゅぎょう》での集中《しゅうちゅう》と、
自助努力《じじょどりょく》の精神《せいしん》を教《おし》えることだ。

家《いえ》が建《た》てられなければ、
借金《しゃっきん》と相続税《そうぞくぜい》の憂《うれ》いから解放《かいほう》されたのだ。

遊《あそ》び金《がね》がなければ、
酒《さけ》・ゴルフ・マージャンなどを
やめればよいだけだ。

考《かんが》え方《かた》を整理《せいり》しなさい。

5 光《ひかり》と影《かげ》

情報社会《じょうほうしゃかい》には、
特有《とくゆう》の罠《わな》がある。
知《し》りすぎた人《ひと》は、
疑《うたが》いが多《おお》くなる。
長所《ちょうしょ》よりも、
短所《たんしょ》の方《ほう》が目《め》につきはじめる。
そして、彼我《ひが》の比較《ひかく》から、
苦《くる》しみを覚《おぼ》え、
常《つね》に自分《じぶん》を責《せ》め苛《さいな》み続《つづ》ける。
ふと気《き》がつくと、

自分《じぶん》が不幸《ふこう》であることを、
確認《かくにん》している自分《じぶん》がある。

まわりが明《あか》るく照《て》らし出《だ》されると、
暗《くら》い影《かげ》もくっきりとしてくる。
影《かげ》だけを取《と》り除《のぞ》こうとしても、
それは無理《むり》な相談《そうだん》だ。
光《ひかり》がある限《かぎ》り、
影《かげ》はでき続《つづ》けるのだ。
全《すべ》てが闇《やみ》に包《つつ》まれる以外《いがい》に、
影《かげ》を消《け》す方法《ほうほう》はない。
はたしてあなたは、本当《ほんとう》にそれを望《のぞ》むのか。

影《かげ》を心《こころ》にとめるな。
光《ひかり》のみを見《み》つめよ。
人《ひと》の心《こころ》は同時《どうじ》に二《ふた》つのことを思《おも》えないのだ。

6 無能《むのう》に対《たい》する焦《あせ》り

若《わか》い人《ひと》は、とかく不満《ふまん》を持《も》ちやすい。
自分《じぶん》の不幸《ふこう》の原因《げんいん》を、
親《おや》のせいにしたり、
兄弟姉妹《きょうだいしまい》のせいにしたり、
学校《がっこう》のせいにしたり、
社会制度《しゃかいせいど》のせいにしたりするものだ。
そうして、
荒《あ》れ狂《くる》ったり、
自傷行為《じしょうこうい》にふけったり、
犯罪行為《はんざいこうい》にのめりこんだりする。

自己愛《じこあい》が強《つよ》すぎるために、
あるいは、子供《こども》時代《じだい》に甘《あま》やかされたために、
わがままになっているのが、
どうやらわからないらしい。

世間《せけん》は厳《きび》しいものだ。
若者《わかもの》の持《も》つ、不平不満《ふへいふまん》や、
小《ちい》さな不幸《ふこう》など、
利根川《とねがわ》にこぼした一滴《いってき》の酒《さけ》、
程度《ていど》にしか感《かん》じてはくれない。

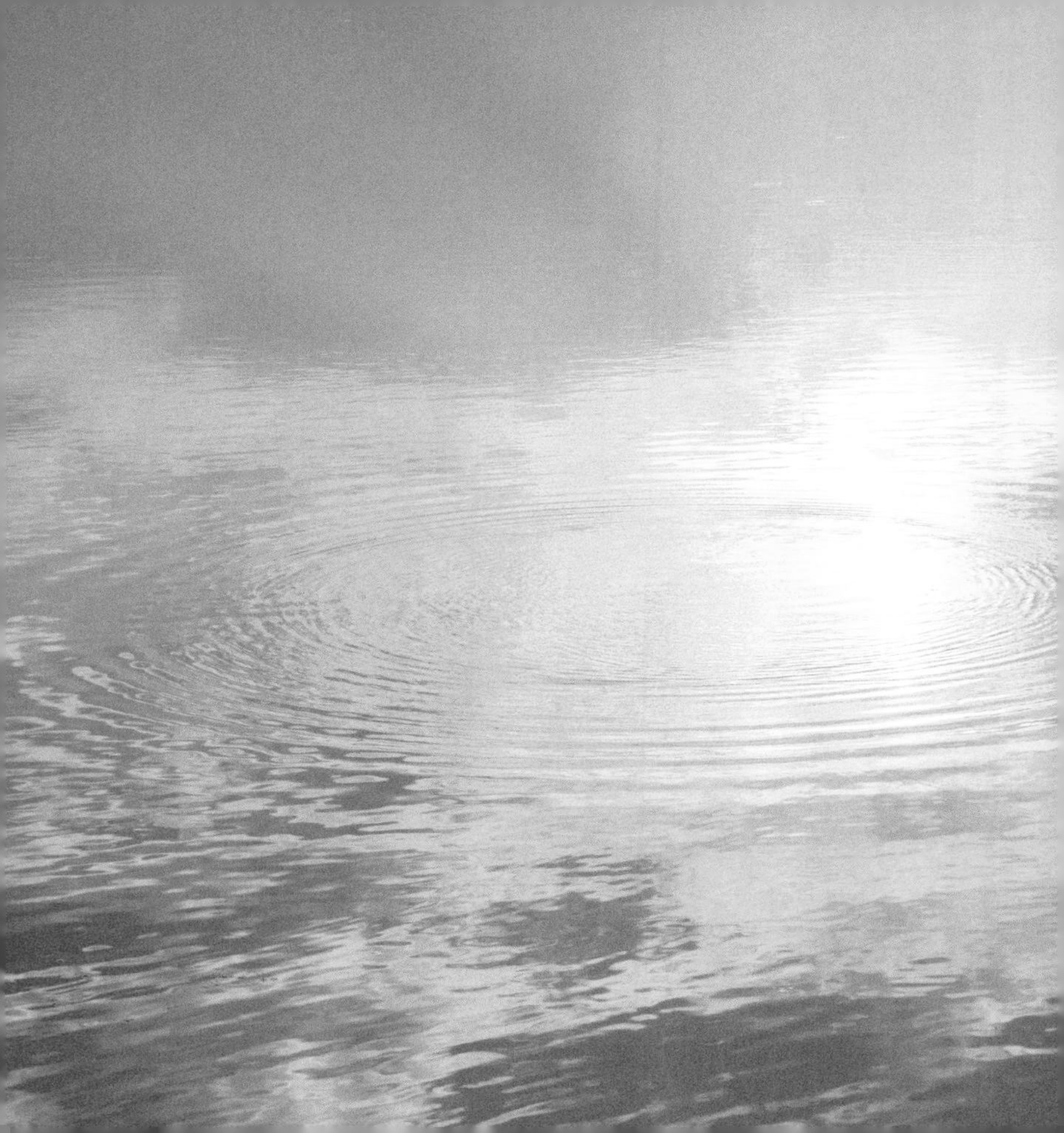

若者《わかもの》よ、
自分《じぶん》の無能《むのう》に対《たい》する焦《あせ》りを、
合理化《ごうりか》しようとするな。
他人《ひと》のせいや社会《しゃかい》のせいにするな。
自分《じぶん》がアリとキリギリスの、
キリギリスであったことに気《き》づくことが、
まず、幸福《こうふく》への第一歩《だいいっぽ》だ。

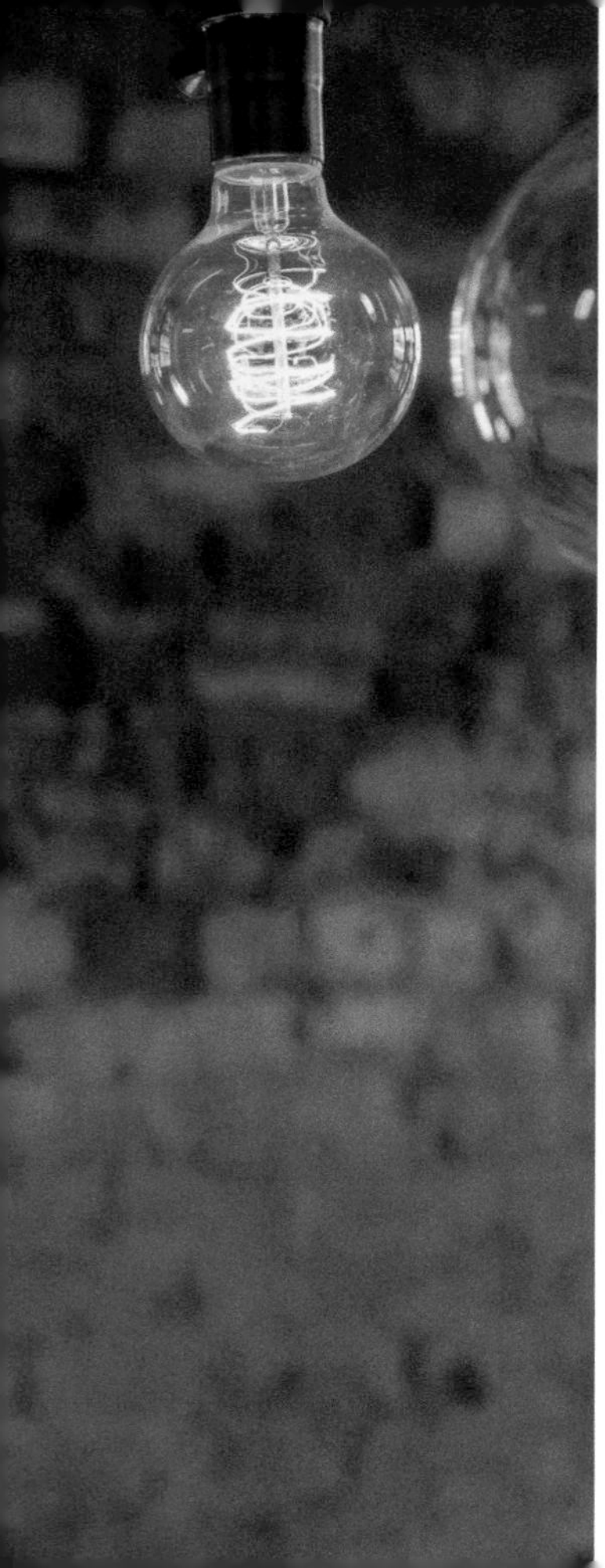

7 劣等感製造機《れっとうかんせいぞうき》

世《よ》の中《なか》には、
劣等感製造機《れっとうかんせいぞうき》のような人《ひと》もいる。
とにかく、ひまさえあれば、
他人《たにん》との比較《ひかく》にエネルギーを使《つか》い、
自分《じぶん》の不幸感覚《ふこうかんかく》を培養《ばいよう》しているのだ。

劣等感《れっとうかん》にも、

自分《じぶん》が勝手《かって》にそう思《おも》いこんでいるだけの、

主観的劣等感《しゅかんてきれっとうかん》と、

他《た》の人《ひと》からみても、

はっきりと劣《おと》っていると
認定《にんてい》される事実《じじつ》からくる、
客観的劣等感《きゃっかんてきれっとうかん》もある。

だが、
背《せ》の高《たか》い、低《ひく》いや、
太《ふと》っている、やせているといった、
一見《いっけん》、
データではっきり判別《はんべつ》できそうな事実《じじつ》でも、
不幸感覚《ふこうかんかく》の原因《げんいん》としてみると、
主観的《しゅかんてき》とも、
客観的《きゃっかんてき》ともいいかねるものがある。

世《よ》の大部分《だいぶぶん》の人《ひと》は、
主観的劣等感《しゅかんてきれっとうかん》とも、
客観的劣等感《きゃっかんてきれっとうかん》ともわかりかねる、
ぼんやりとした、
中間的劣等感《ちゅうかんてきれっとうかん》の海《うみ》で漂《ただよ》っている。

劣等感製造機《れっとうかんせいぞうき》の機能《きのう》を、
高《たか》めすぎないように努力《どりょく》した方《ほう》がよい。

8 逃《に》げるな

青春《せいしゅん》時代《じだい》、私《わたし》はささいなことで悩《なや》んだ。
テストの点《てん》が一《ひと》つでも悪《わる》いと苦《くる》しみ、
他人《ひと》の評価《ひょうか》に傷《きず》つき、
周《まわ》りからの尊敬《そんけい》が得《え》られないなら、
偽悪家《ぎあくか》ぶったり、
毒舌《どくぜつ》をふるったりして、
他人《ひと》から嫌《きら》われる方《ほう》へと自己実現《じこじつげん》もした。

確《たし》かに傷《きず》つきやすかった。
だから他人《ひと》から傷《きず》つけられる前《まえ》に、

自分《じぶん》で自己否定《じこひてい》してみせていたのだ。
まるで電気磁石《でんきじしゃく》のように、
周囲《しゅうい》から、
砂鉄《さてつ》ならぬ劣等感《れっとうかん》を引《ひ》き寄《よ》せていた。
その電流《でんりゅう》のもとが、自己憐憫《じこれんびん》、
つまり、「自分《じぶん》がかわいそう」と思《おも》う心《こころ》だった。

自己憐憫《じこれんびん》して、
他人《ひと》からの同情《どうじょう》を期待《きたい》しても、
問題《もんだい》は何《なに》も解決《かいけつ》しなかった。
置《お》き去《ざ》りにされて、
孤独地獄《こどくじごく》や阿修羅界《あしゅらかい》にいるだけだった。

「逃《に》げるな」という声《こえ》がした。
他人《ひと》から同情《どうじょう》を乞《こ》う心《こころ》、
自己《じこ》嫌悪《けんお》、劣等感《れっとうかん》と闘《たたか》えと。
自分《じぶん》との闘《たたか》いだ。
他人《ひと》との競争《きょうそう》じゃない、と。

私《わたし》はその声《こえ》に従《したが》った。
道《みち》は、ゆっくりと上《のぼ》り坂《ざか》に向《む》かっていった。

9 負《ま》け犬《いぬ》となるな

あなたは、
負《ま》け犬《いぬ》というのを見《み》たことがあるか。
二匹《にひき》の犬《いぬ》がケンカをすると、
かみ合《あ》ったあとに勝負《しょうぶ》がつく。
負《ま》けた犬《いぬ》は、
まるで白旗《しろはた》よろしく、
しっぽを股《また》の間《あいだ》にはさんで、
耳《みみ》を垂《た》れ、
キャインキャインと逃《に》げていく。

そしてある時《とき》、勝《か》ち犬《いぬ》と、
路上《ろじょう》でバッタリと出合《であ》うと、
またしても、しっぽを股《また》にはさんで、
目《め》を伏《ふ》せて、
助《たす》けて、と哀願《あいがん》するように道《みち》をよけていく。

なにも勝《か》つことばかりが、人生《じんせい》ではない。
闘《たたか》い続《つづ》けることのみが、美学《びがく》でもない。
負《ま》けの中《なか》にも、人生《じんせい》の真実《しんじつ》があり、
知恵《ちえ》もあるだろう。

しかし、負《ま》け犬《いぬ》というものは、
実際《じっさい》に受《う》けた傷《きず》以上《いじょう》に、
心《こころ》の傷《きず》が深《ふか》く、痛《いた》みが長《なが》びくようだ。
肉体的《にくたいてき》痛《いた》み以上《いじょう》の損失《そんしつ》に甘《あま》んじているのだ。

人生《じんせい》には全勝《ぜんしょう》も全敗《ぜんぱい》もないのだ。
必《かなら》ず何勝何敗《なんしょうなんぱい》かになる。
心《こころ》の中《なか》に、負《ま》け犬《いぬ》のいれずみを彫《ほ》るのは、
よした方《ほう》がよい。

棺桶《かんおけ》のふたが閉《と》じられる時《とき》に、
勝敗《しょうはい》を数《かぞ》えても遅《おそ》くはないのだ。

10

先入観《せんにゅうかん》を白紙《はくし》に戻《もど》せ

あなたを苦《くる》しめているものの正体《しょうたい》は、
ある種《しゅ》の先入観《せんにゅうかん》ではないか。

まず最初《さいしょ》に、
親《おや》が、あなたにそう教《おし》え込《こ》んだのではないか。
子供《こども》の頃《ころ》に受《う》けた教《おし》えやしつけは、
大人《おとな》になっても、なかなか抜《ぬ》きがたいものだ。
まっ白《しろ》い生地《きじ》に刷《す》り込《こ》まれた観念《かんねん》は、
そう簡単《かんたん》に洗《あら》い落《お》とすことができないものだ。

その先入観《せんにゅうかん》によって、
他人《ひと》を裁《さば》き、
自分《じぶん》の成功《せいこう》、失敗《しっぱい》、
幸不幸《こうふこう》を決《き》めつけてはいないか。

ある時代《じだい》の、
ある国《くに》の、
ある地域《ちいき》の、
ある人々《ひとびと》によって創《つく》られた観念《かんねん》が、
世界《せかい》に通用《つうよう》するわけではない。

親《おや》以外《いがい》では、兄《あに》や姉《あね》、
教師《きょうし》によっても人生観《じんせいかん》は形成《つく》られる。

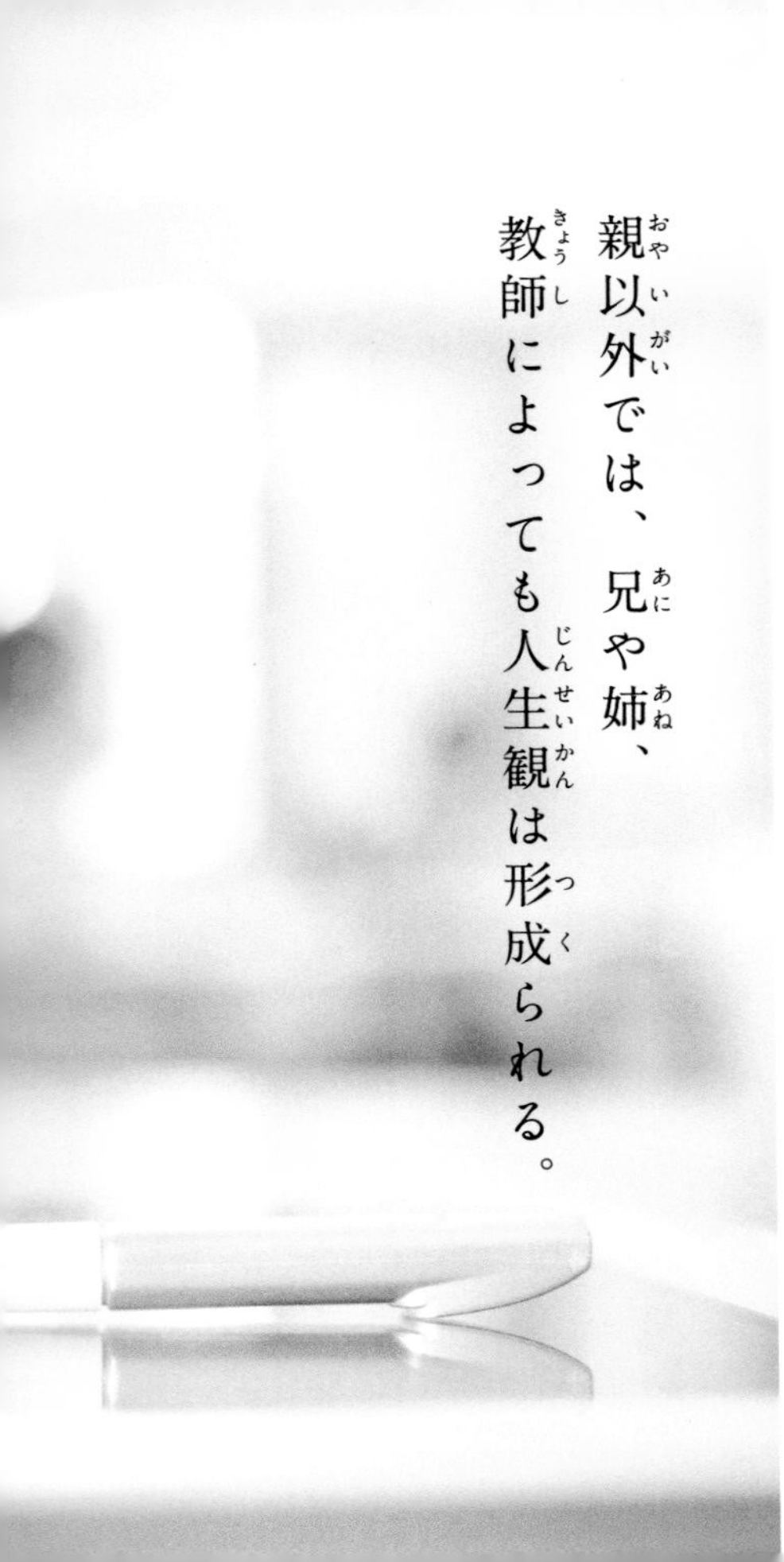

CANADA
GREENLAND
NORTH AMERICA
AMERICA
MEXICO
GULF OF MEXICO
BAHAMAS
BELIZE
HONDURAS
NICARAGUA
COSTA RICA

自分《じぶん》の先入観《せんにゅうかん》を、一度《いちど》、白紙《はくし》に戻《もど》すがよい。
人間《にんげん》、三十五歳《さんじゅうごさい》を過《す》ぎたら、
自分《じぶん》の考《かんが》えに責任《せきにん》を持《も》て。
高度《こうど》な教《おし》えを学《まな》び、
先入観《せんにゅうかん》を白紙《はくし》に戻《もど》して、
自分自身《じぶんじしん》が納得《なっとく》する考《かんが》え方《かた》を、
もう一度《いちど》、創《つく》りなおすがよい。

11

潜《せん》在《ざい》意《い》識《しき》に委《ゆだ》ねよ

悩《なや》んでも、悩《なや》んでも、
どうにもならないこともあるだろう。
どうしても、道《みち》が開《ひら》けない時《とき》もあるだろう。
自力《じりき》で道《みち》を開《ひら》こうとしても、
それが自《じ》我《が》力《りき》となって、
さらなる苦《くる》しみを生《う》む場合《ばあい》もあるだろう。
求《もと》めているものが、
煩悩《ぼんのう》の炎《ほのお》となって、
燃《も》えさかることもあるだろう。

苦《くる》しくて仕方《しかた》のない時《とき》には、
しばし歩《あゆ》みを止《と》めよ。
水中《すいちゅう》では、
もがく者《もの》は溺《おぼ》れ、
じっとしている者《もの》は
浮《う》かんでくると言《い》うではないか。

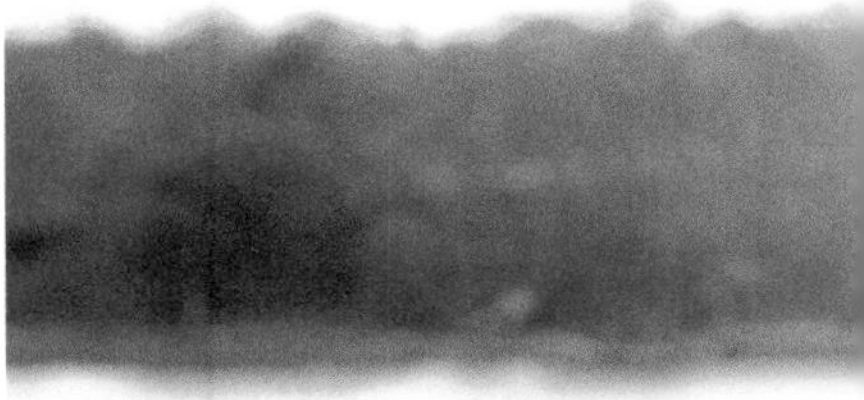

あなたも、
智恵《ちえ》が尽《つ》きたなら、
大《おお》いなる力《ちから》に任《まか》せきりなさい。
実在界《じつざいかい》にいる、
あなた自身《じしん》の魂《たましい》の兄弟姉妹《きょうだいしまい》に、
導《みちび》きをお願《ねが》いしなさい。
偉大《いだい》なる仏《ほとけ》や、
指導霊《しどうれい》の御名《みな》の下《もと》、
あなた自身《じしん》の潜在意識《せんざいいしき》に、
人生問題《じんせいもんだい》の解決《かいけつ》を委《ゆだ》ねなさい。

12

心《こころ》の安《やす》らぎ

眠《ねむ》れない夜《よる》はつらい。
夜明《よあ》けまでの時間《じかん》は長《なが》い。
病気《びょうき》の人《ひと》は、
病気《びょうき》のことが頭《あたま》から離《はな》れない。
借金《しゃっきん》のある人《ひと》は、
苦《くる》しんで寝返《ねがえ》りを打《う》つ。
子供《こども》の将来《しょうらい》を悩《なや》んで、
人知《ひとし》れず涙《なみだ》を流《なが》す人《ひと》もいる。
愛《あい》が冷《さ》めた家族《かぞく》を隔《へだ》てる、
心《こころ》の闇《やみ》も深《ふか》い。

みんな幸《しあわ》せになりたいのに、
なぜ、こんなに、
心《こころ》は苦《くる》しいのだろう。
過《か》去《こ》に犯《おか》した罪《つみ》が、
どうして今《いま》も、
あなたを悩《なや》ませるのか。
未《み》来《らい》への不《ふ》安《あん》から、
なにゆえ、まんじりともできないのか。

されど歳月《さいげつ》は過《す》ぎてゆく。
時間《じかん》は流《なが》れ去《さ》って、
二度《にど》と、元《もと》には戻《もど》らない。
あなたの悩《なや》みも、
川《かわ》に浮《う》かぶ泡沫《うたかた》のごとく、
やがて、流《なが》れ、流《なが》れて、忘《わす》れ去《さ》られる。

永遠《えいえん》の時間《とき》の大河《たいが》の中《なか》で、
心《こころ》の安《やす》らぎを得《え》よ。

「心の指針 Selection《セレクション》」について

「心の指針」は、現代に生きる人々に「人生の意味」や「悩み解決のヒント」を伝えるために、幸福の科学の大川隆法総裁が、月刊「幸福の科学」（幸福の科学刊）で2005年1月号より毎月発表している詩篇《しへん》です。そのメッセージをより深く味わっていただくために、テーマ別に取りまとめたシリーズが、この「心の指針 Selection《セレクション》」です。2004年、大川総裁は心臓発作を起こし、医師からは「死んでいる人と同じ状態」と診断されました。その際、療養《りょうよう》中に書き下ろした108篇の「辞世《じせい》のメッセージ」が、「心の指針」の始まりです。しかし、その後、大川総裁は奇跡的な復活を遂《と》げ、現在に至るまで、全世界で精力的に救世活動を展開しています。

『心の指針 Selection 6 自己信頼』出典（初出）

1 自己信頼……………………………心の指針15 ／月刊「幸福の科学」No.229
2 浮上する心…………………………心の指針40 ／同 No.254
3 人生最悪の事態……………………心の指針44 ／同 No.258
4 経済的苦境の打破…………………心の指針46 ／同 No.260
5 光と影………………………………心の指針61 ／同 No.275
6 無能に対する焦り…………………心の指針80 ／同 No.294
7 劣等感製造機………………………心の指針81 ／同 No.295
8 逃げるな……………………………心の指針56 ／同 No.270
9 負け犬となるな……………………心の指針95 ／同 No.309
10 先入観を白紙に戻せ ……………心の指針102 ／同 No.316
11 潜在意識に委ねよ…………………心の指針35 ／同 No.249
12 心の安らぎ…………………………心の指針11 ／同 No.225

著者 Profile　大川隆法 Ryuho Okawa

幸福の科学グループ創始者 兼 総裁。1956(昭和31)年7月7日、徳島県に生まれる。東京大学法学部卒業後、大手総合商社に入社し、ニューヨーク本社に勤務するかたわら、ニューヨーク市立大学大学院で国際金融論を学ぶ。81年、大悟し、人類救済の大いなる使命を持つ「エル・カンターレ」であることを自覚する。86年、「幸福の科学」を設立。信者は世界100カ国以上に広がっており、全国・全世界に精舎・支部精舎等を700カ所以上、布教所を約1万カ所展開している。説法回数は3150回を超え(うち英語説法150回以上)、また著作は31言語に翻訳され、発刊点数は全世界で2700書を超える(うち公開霊言シリーズは550書以上)。『太陽の法』(幸福の科学出版刊)をはじめとする著作の多くはベストセラー、ミリオンセラーとなっている。また、映画「心霊喫茶『エクストラ』の秘密 ― The Real Exorcist ―」(実写・2020年5月公開)、「奇跡との出会い。―心に寄り添う。3 ―」(ドキュメンタリー・同年8月公開)、「夜明けを信じて。」(実写・同年10月公開予定)など、20作の劇場用映画の製作総指揮・原作・企画のほか、映画の主題歌・挿入歌等、150曲を超える作詞・作曲を手掛けている。ハッピー・サイエンス・ユニバーシティと学校法人 幸福の科学学園(中学校・高等学校)の創立者、幸福実現党創立者兼総裁、HS政経塾創立者兼名誉塾長、幸福の科学出版(株)創立者、ニュースター・プロダクション(株)会長、ARI Production(株)会長でもある。

心《こころ》の指針《ししん》 Selection6　自己信頼《じこしんらい》

2020年8月31日　初版第1刷

著　者　大《おお》　川《かわ》　隆《りゅう》　法《ほう》

発行所　幸福の科学出版株式会社

〒107-0052　東京都港区赤坂2丁目10番8号
TEL 03-5573-7700
https://www.irhpress.co.jp/

印刷・製本　株式会社 堀内印刷所

落丁・乱丁本はおとりかえいたします

ISBN978-4-8233-0202-2 C0030

カバー givaga/Shutterstock.com, p.6-7 BABAROGA/Shutterstock.com, p.8-9 releon8211/Shutterstock.com, p.10-11 Chockdee Permploysiri/Shutterstock.com, p.13 Svetlana.Is/Shutterstock.com, p.14-15 Galyna Andrushko/Shutterstock.com, p.16 givaga/Shutterstock.com, p.18-19 BABAROGA/Shutterstock.com, p.20 249 Anurak/Shutterstock.com, p.22-23 Jne Valokuvaus/Shutterstock.com, p.25 Anatoly Tiplyashin/Shutterstock.com, p.26 KPG_Payless/Shutterstock.com, p.28-29 Jouke van Keulen/Shutterstock.com, p.31 Ivanko80/Shutterstock.com, p.32-33 sabthai/Shutterstock.com, p.34-35 Sunny Forest/Shutterstock.com, p.37 Vladimir Loginov/Shutterstock.com, p.38-39 Phongsak Meedaenphai/Shutterstock.com, p.40-41 RossHelen/Shutterstock.com, p.42-43 Ezume Images/Shutterstock.com, p.44 AnastasiaNess/Shutterstock.com, p.46-47 Only background/Shutterstock.com, p.48-49 Joyseulay/Shutterstock.com, p.50 OlegDoroshin/Shutterstock.com, p.52-53 Morocko/Shutterstock.com, p.55 maradon 333/Shutterstock.com, p.56-57 Alex from the Rock/Shutterstock.com, p.58-59 chatgunner/Shutterstock.com, p.61 578foot/Shutterstock.com, p.62-63 smolaw/Shutterstock.com, p.64-65 sebra/Shutterstock.com, p.66-67 nonowon/Shutterstock.com, p.68-69 seamind224/Shutterstock.com, p.70-71 Masahiro Watanabe（東北・田沢湖正心館）, p.73 mishanik_210/Shutterstock.com, p.74-75 Jaromir Chalabala/Shutterstock.com, p.76-77 FREEPIK2/Shutterstock.com, p.78-79 Masahiro Watanabe（東京正心館）

鋼鉄の法

人生をしなやかに、力強く生きる

自分を鍛え抜き、迷いなき心で、闇を打ち破れ──。人生の苦難から日本と世界が直面する難題まで、さまざまな試練を乗り越えるための方法が語られる。

2,000円

1,700円

1,456円

不動心

人生の苦難を乗り越える法

本物の自信のつけ方、蓄積の原理、苦悩との対決法など、人生に安定感をもたらす心得がこの一冊に。

常勝思考

人生に敗北などないのだ。

逆境をものともせず、苦難・困難をすべて自分の力に変え、人生に勝利していく道とは。

※表示価格は本体価格（税別）です

大川隆法著作シリーズ　人生の悩みに答える

人生の迷いに対処する法

幸福を選択する４つのヒント

「結婚」「職場の人間関係」「身体的コンプレックス」「親子の葛藤」など、人生の悩みを解決して成長していくための４つのヒント。

1,500円

1,500円

心を癒す ストレス・フリーの幸福論

ストレスを解消し、幸福に生きるための「心のスキル」。第５章に「奇跡を感じよう」を収録。

1,500円

凡事徹底と人生問題の克服

悟り・実務・家族の諸問題について

「人生の諸問題」を乗り越え、逆境の時にこそ強くなる「現代の悟り」が説かれた一冊。

幸福の科学グループのご案内

幸福の科学は世界100カ国以上に広がり（2020年8月現在）、
宗教、教育、政治、出版、映画製作、芸能などの活動を通じて、
地球ユートピアの実現を目指しています。

信仰 *Faith in Lord El Cantare*

信仰の対象は、主《しゅ》エル・カンターレです。主エル・カンターレは地球の至高神《しこうしん》であり、イエス・キリストが「わが父」と呼び、ムハンマドが「アッラー」と呼んだ存在です。人類を導くために、釈迦《しゃか》やヘルメスなどの魂《たましい》の分身を何度も地上に送り、文明を興隆《こうりゅう》させてきました。現在はその本体意識が、大川隆法総裁として下生《げしょう》されています。

教えを信じる方は、どなたでも「入会《にゅうかい》」いただけます。本格的に信仰の道を歩まれたい方は、仏《ぶっ》・法《ぽう》・僧《そう》の三宝《さんぼう》に帰依《きえ》を誓う「三帰誓願《さんきせいがん》」をお受けいただけます。

お気軽にお問い合わせください
幸福の科学サービスセンター
TEL. 03-5793-1727 受付時間／火～金：10～20時
土・日・祝日：10～18時（月曜を除く）

お近くの幸福の科学は　幸福の科学 アクセス　検索

インターネットからも
入会いただけます
happy-science.jp/joinus

基本教義 *The Basic Teachings*

愛
自分から愛を与え、
自分も周りも
幸福にしていく
知
真理を学び、
人生の問題を解く
智慧《ちえ》を得る
反省
心の曇《くも》りを除き、
晴れやかな心で
生きる
発展
幸福な人を増やし、
世界をユートピア
に近づける

基本教義は「正しき心の探究《たんきゅう》」と「四正道《よんしょうどう》」（幸福の原理）です。すべての人を幸福に導く教え「仏法真理《ぶっぽうしんり》」を学んで心を正していくことを正しき心の探究といい、その具体的な方法として、「愛・知・反省・発展」の四正道があります。

幸福の科学グループの最新情報、
参拝施設へのアクセス等はこちら！

信仰からの
創造
10.16
7/12

幸福の科学 公式サイト
happy-science.jp

学校法人 幸福の科学学園
中学校・高等学校（那須本校）
happy-science.ac.jp

関西中学校・高等学校（関西校）
kansai.happy-science.ac.jp